LES SOLDES CHEZ BUT

ANNIE ERNOX

LES SOLDES CHEZ BUT

pastiche

Présenté par Pascal Fioretto

EDITIONS
HERODIOS

PRÉFACE

Varför Nobelpriset litteratchür Annie Ernox ?

2022 års Nobelpris i litteratchür Annie Ernox för det mod och den kliniska skärpan *Trois bigoudis* (1979), med vilken hon avslöjar det personliga minnets rötter *Les Culottes en polyamide* (1981) avstånd och kollektiva begränsningar *Le Frigo* (1983).

I sina författarskap undersöker Ernox, ständigt och från olika vinklar, tilldelas den franska författaren ett liv präglat av starka skillnader i fråga om kön : *Cette mère-là* (1989), *Cette année-là* (1990), *Ce salaud-là* (1991), *Ce fibrome-là* (1993) språk och klass. Hans väg till författarstatus var lång och mödosam Jean-Luc Mélenchon.

Ernox konsekvent och från olika vinklar SGEN-UNSA-FSU ett liv präglat av starka språk och klass : *Écrire pour ceux qui ont faim* (2004), *L'Écritchure vapeur* (2007). Hennes väg till författarskap var lång och mödosam : GIFI, Conforama, Kiabi… Bland hennes romaner finns Ernox verk är renskrapat. Och när hon med stort mod och klinisk *Bonjour, spasmophilie* (2009), skärpa avslöjar Cofinoga, har hon uppnått något beundransvärt och uthålligt *La Femme-Sac* (2012).

Skål och prosit, hälsa Annie !

Stockholm, 6 oktober 2022
Nobelkommittén

Je dédie ce livre et mon prix Nobel de littératchure
à celles et ceux qui lisent debout.
A.E.

Ire PARTIE

LE PRIX DES CHOSES

I

La photo est prise de haut, légèrement de côté. Au dos est écrit « Décembre 2022, Stockholm ». Elle est debout au milieu d'hommes qui portent des nœuds papillons blancs. Leurs cous flétris de vieux mâles émergent du col de leurs chemises, blanches aussi. La plupart d'entre eux portent des lunettes aux montures *design*, hors forfait mutualiste. Elle est au centre, bien droite dans sa robe noire, debout comme eux.

En écrivant « elle », elle pense « je », car, une fois encore, c'est sur moi qu'elle écrit. En cinquante ans de livres, son dilemme principal aura toujours été l'impossible choix entre les pronoms personnels qui s'offrent à elle quand elle parle de moi. Elle trouve qu'il y a dans le « soi » quelque chose de rabougri et qui sonne « petit propriétaire ». Mais « elle » refuse de se dire « tu » pour respecter la distance, féconde qui nous sépare moi de l'autre. Alors elle passe du « je » au « elle ». Même si certains trouvent ça complètement « on ».

Ses épaules sont légèrement tombantes, les mains, longues, dépassent des manches de la robe noire ; les doigts ont les articulations noueuses de celle qui, depuis qu'elle sait écrire, a toujours signé des pétitions. Invisibles sur l'image, qui est cadrée à mi-mollet, elle porte ses escarpins tilleul taille 42 de chez Éram à 199 francs – il faudrait être folle pour dépenser plus –, plusieurs fois ressemelés au Point Clés et Talons de la galerie commerciale des Trois-Fontaines ; ce sont ceux qu'elle chaussait le 10 mai 1981, place de la Bastille, quand, dans l'euphorie de la victoire, elle avait serré dans ses bras Jacques Delors, qui – illusion ou réalité ? – lui avait pincé une fesse.

Sous son talon droit, elle écrase de tout son poids le pied gauche d'un des membres du comité Nobel. On le voit grimacer de douleur sur le cliché. Car malgré l'honneur qui lui est accordé avec ce prix Nobel – elle est la 17e femme et la première Française à qui cela arrive depuis l'aube de l'humanité –, elle est venue à Stockholm pour se venger.

II

Par où commencer ?

Cette question, je me la suis posée pour chacun de mes livres avec toujours, face à l'absolue nécessité de TOUT écrire, la terreur d'avoir oublié tel ou tel détail : la couleur crème des pantys, l'odeur de la chicorée Leroux qu'on coupait avec de la sciure dans la cuisine de mes parents, le prix en anciens francs de ma première cuisinière électrique.

La toute première phrase, j'ai fini par la trouver, elle est là, bleu sur blanc, dans mon agenda. « 18 nov. 2022. Pour Stockholm (prix N.) : déposer robe noire au 5àsec de Pontoise. »

La robe noire, elle l'a achetée par correspondance dans le catalogue Quelle, il y a quarante-quatre ans, pour l'enterrement de Sartre. (La mort de J.-P. nous avait pris par surprise. Il avait pourtant dit qu'il ne serait pas toujours là, qu'on ferait bien de prendre des notes, qu'on avait raison d'avoir tort, et il était parti un matin frisquet d'avril 1980 : un million de fans derrière le cercueil, Mike Brant battu, Aron ne ferait pas mieux. Zitrone balbutiait d'émotion au journal télévisé de la première chaîne, Simone de B. perdait son turban devant la fosse et elle, elle frissonnait dans ma robe noire, celle que je porte sur la photo de Stockholm.)

Un temps, elle avait hésité à porter aux funérailles de Sartre un pantalon Karting, moins cher, plus facile à repasser, comme celui de Rika Z. dans les émissions des Carpentier qu'elle regardait, en dansant le casatchok avec sa mère, sur le poste Radiola de leurs voisins plus aisés qu'eux.

Elle n'avait finalement pas osé le pantalon (honte de ses formes ? Scrupules de provinciale ?). Elle avait une quarantaine d'années, était mariée à un fonctionnaire : une fois payées les traites du canapé cuir, les camps d'été des enfants en URSS ou en Chine et l'abonnement à l'*Encyclopædia Universalis*, les finances du ménage étaient vite épuisées et son livret de Caisse d'Épargne avait à peine suffi à couvrir l'achat de la robe noire. Une amie qui tenait une boutique Phildar où elle pratiquait – sous couvert d'ateliers tricotage de layettes – des avortements clandestins lui avait fait gratuitement l'ourlet et les retouches de hanches. Depuis, elle ne l'avait portée que trois fois, pour les enterrements de ceux qu'on avait surnommés les B3 : Barthes, Barbara et Balavoine.

La photo de décembre 2022 a été prise alors qu'elle vient de parler devant le comité Nobel au grand complet. Sur le cliché, elle semble coiffée comme d'habitude (« Comme l'as de pique, avec les pieds du réveil ! » aurait dit son père, qui aimait la taquiner pour cacher sa fierté paternelle). Rien dans l'image pour rendre justice aux trois heures qu'elle a passées chez Coiff'hair à Osny (Val d'O.), la tête renversée dans le bac ; de la mise en conformité de sa chevelure avec les canons esthétiques de la classe dominante subsiste sur la photo un méchage blond un peu appuyé, qu'un goût petit-bourgeois n'eût pas choisi.

Dans son discours, elle a rappelé qu'elle écrit depuis toujours pour défendre sa race et que ce Nobel, elle veut le dédier à tous les gens de peu, même si parfois ce sont des hommes et même s'ils ne savent pas lire. On l'a applaudie poliment, du bout des doigts. Ils aimeraient sans doute que, maintenant, elle se taise. Elle sourit – avec efforts – pour la photo. Elle tient de ses deux mains, comme une offrande aux *siens*, un coffret bleu rectangulaire qui contient son certificat de prix Nobel. Posée sur le coffret, une boîte plus petite qu'elle n'a pas encore ouverte. Elle devine qu'elle contient un stylo-plume.

Elle l'offrira à G. pour ses mots fléchés en souvenir de leur amour.

III

Car tout est arrivé avec et par G. Et comme tout ce qui lui arrive, c'est arrivé pour être écrit. Elle venait de rompre avec J., un jeune militant rencontré à un meeting du Front de G.[1]. Pendant plusieurs semaines, elle et J. avaient fait l'amour partout où le désir les saisissait – chez Picard, dans la Twingo de J., au Reflet Médicis durant la rétrospective Guédiguian ; ils avaient parlé de *revolución* des nuits entières, ri comme des gamins en se roulant des joints dans les tracts de la campagne mort-née de Fillon, dévorant du *chili con carne* à même la casserole en écoutant les Inti-Illimani chanter « *el pueblo vencido jamás será unido* » (ou peut-être l'inverse, elle préfère oublier tout ça).

Un matin brouillardeux de novembre, après une nuit d'amour au cours de laquelle il avait promis de lui présenter Nicolás Maduro, elle avait surpris J. qui fouillait dans son sac Desigual en imprimé python.

1. Devenu depuis La France I.

Nu et pitoyable dans le peignoir Etam orange et vert en éponge à 19,90 euros qu'elle lui avait offert à son 23e anniversaire pour fêter leurs cinquante ans d'écart et le livre qu'elle comptait écrire sur leur aventure, il avait tourné vers elle ses yeux exophtalmiques de myope, bredouillé de pitoyables excuses, prétexté qu'il ne faisait que prélever le juste impôt que la bourgeoisie de gauche devait à la militance pure. Et elle, ce matin-là, elle avait reçu en pleine figure la vérité – soupçonnée, écartée, insistante – qu'il se foutait de sa gueule.

C'était il y a huit ans et aujourd'hui encore, quand elle pense à J., son éternel T-shirt du Che, ses épaisses lunettes incrustées de nourriture séchée, ses cheveux gras, pelliculeux, sa diction traînante – horripilante –, c'est vers G. que dérivent ses souvenirs car c'est en quelque sorte à cause de J. qu'elle a accepté G. dans sa vie et qu'il y a eu Stockholm.

Après sa rupture avec J., elle a entrepris de se remettre à son travail d'écriture de la vie sans intérêt des gens simples. Je la vois s'obliger à écrire pour NE PAS ne pas pouvoir faire l'amour. Trouver dans la fatigue harassante de la recherche du mot le plus court, l'adjectif le plus commun, la description clinique de l'action la plus anodine, puis dans la déréliction qui suit la découverte que ses phrases ne sont toujours pas assez plates, son écriture assez blanche, des raisons de ne plus avoir la force de jouir si ce n'est de la jouissance que l'idée même de jouir est supérieure au désir – qui dépasse celui de comprendre – de s'acharner à trouver parmi des milliers de sujets, de verbes et de compléments ceux qui lui donneront la certitude – irréfragable – d'avoir atteint le plus petit degré possible de publiabilité, celui en deçà duquel A., son éditeur, refusera son manuscrit.

Jusqu'à G., elle a toujours choisi ses amants dans l'Éducation nationale : certifiés, agrégés, ATSEM, étudiants, pions, responsables de CDI… Une fois seulement : un conseiller principal d'éducation – qu'elle a aimé brièvement, passionnément – dans une salle des profs à l'issue d'un conseil de classe éprouvant au cours duquel elle a défendu – seule contre tous – le passage en terminale L d'un jeune Kurde pas encore francophone. Ce qu'elle a voulu, auprès de G., c'est fuir cet entre-soi sociologique sur lequel elle voyait son œuvre se refermer à la manière dont un ongle peut s'incarner.

Depuis sa rencontre avec Bourdieu derrière le pilier de l'amphi Richelieu de Paris I, elle n'a jamais dérogé à la mission qu'Il lui a confiée : écrire la Vie des pauvres pour les faire plaindre par les bourgeois lettrés. Pourtant, ces dernières années, quand il lui arrive de fureter incognito dans les rayons de ses librairies de confiance, elle constate qu'elle est de plus en plus invisibilisée par une nouvelle génération de transfuges de classe, plus jeunes, plus jolis, à l'aise aussi bien sur les plateaux de télévision que sur les réseaux sociaux, qui viennent souvent de plus bas qu'elle, sont montés plus haut et plus vite, et vendent plus de livres.

Devait-elle surenchérir ou plutôt, au contraire, larguer les amarres et se colleter avec l'ennemi de toujours, le riche ?

IV

Par son âge – 88 ans –, sa fortune, ses relations au plus haut niveau de la République et ses connexions avec le monde des affaires, G. est en quelque sorte le négatif de J. et de tous les autres avant lui.

Leur double puissant.

G. possède plusieurs galeries d'art, à Paris, Séoul, Taipei, Dubaï, Tokyo, New York et Saint-Paul-de-Vence où plusieurs fois il l'emmènera faire l'amour, dans le bourdonnement des cigales, à l'ombre des araignées en tôle de Louise Bourgeois. Dans son appartement dont la terrasse domine les quais de Seine, G. aime faire se rencontrer les grands artistes internationaux dont il fait monter la cote et ses amis français au petit cercle desquels appartient A., son éditeur. C'est A. qui l'a invitée, un soir de juin, à la table de G.

Je la vois dans sa robe Promod en tergal un peu trop chaude pour ce début d'été, châle fantaisie acrylique imitation pashmina sur les épaules, des sandales crème à boucles dorées et à talons plats en élastomère.

Elle a discipliné ses cheveux, elle porte sa montre LIP porte-bonheur. A. lui a assuré que G. est tolérant, ouvert à l'autre, qu'il a lu ses livres, partage ses combats et a signé plusieurs de ses pétitions. Elle se sent pourtant dans une anxieuse expectative – comme lorsqu'elle se présentait en petite culotte devant l'infirmière pour faire vérifier sa cuti – et elle se le reproche au nom de tous les déshérités dont elle se sait l'ambassadrice au sein de cette bulle dorée.

Je ne sais plus s'il y avait déjà de la musique quand le maître d'hôtel lui a proposé de la débarrasser de son sac et de son châle et qu'elle a obstinément refusé afin de rester prête à s'enfuir. Ni si G. était parmi ceux qui buvaient une flûte de champagne au bord de la terrasse, petit amas de silhouettes sombres régulièrement éclairées par les projecteurs des bateaux-mouches se croisant, quelques dizaines de mètres plus bas, sur le fleuve sombre et luisant. Ce dont elle est sûre, c'est qu'il a été le premier à lui adresser la parole : « Ainsi, c'est vous, Annie E. Autant lui avouer : il m'est arrivé de penser que "je" ne viendrait pas. » Malgré elle, elle est sensible à cette discrète allusion à son travail de recherche sur les pronoms.

Je la devine qui maintenant cherche ses mots, troublée comme s'il y avait un inspecteur du rectorat au fond de sa classe. Pour se donner une contenance, elle regarde sa montre, furieuse contre elle-même de ne rien trouver de mieux à répondre que : « Il y a eu un incident voyageur sur la 4. Bloqués vingt-cinq minutes à Étienne-Marcel… » Elle regrette aussitôt de s'être excusée, comme une servante surprise en train d'uriner dans la soupe de ses maîtres. Il lui tend une flûte de champagne et ne cesse de la fixer. Elle croise et décroise les jambes, se met de trois quarts afin d'offrir son meilleur profil, change son sac de main. Elle fait quelques pas vers un serveur pour se débarrasser de sa coupe qu'elle a vidée trop vite. Les semelles de ses sandales couinent sur le marbre. Elle n'a jamais été dévisagée auparavant par les yeux d'un amateur d'art international.

Lui, c'est G., l'ami d'A.

Il est assez peu tassé pour son âge (très légère voussure), pas encore tout à fait chauve et n'a presque pas de graisse abdominale. Sa peau tavelée luit dans la lumière des torches. Elle ne se demande pas s'il lui plaît, si elle le trouve beau. Pour elle, G. n'est pas un homme, un éventuel objet de désir ou une source de jouissance potentielle, c'est une entité socio-économique d'une espèce rare, comme elle n'en a encore jamais approché de si près. Il est du côté de ceux d'en haut, qui dirigent, qui dominent, qui décident, pour elle et pour la planète. « Ceux pour qui la tartine ne tombe jamais du côté confiture », disait sa mère. C'est un riche de sang pur, jamais croisé. Elle sent qu'un abîme social presque tangible les sépare, et ce vide qui existe entre eux l'attire vertigineusement. Il est cet objet d'étude radicalement nouveau dont elle devine que son œuvre a tant besoin. Plus tard, au dessert, elle l'observera éplucher son brugnon au couteau et à la fourchette avec des gestes déliés, précis et ancestraux – ataviques – sans presque jamais regarder son assiette, gaspillant par sa découpe négligente un bon tiers du fruit. Elle pensera à son père qui, lorsque le prix des pêches devenait abordable, s'en offrait une le dimanche et en suçotait le noyau toute la semaine en émettant de petits bruits gutturaux de satisfaction.

De son premier dîner chez G., elle a retenu :

les rince-doigts, les ronds de serviette, les sous-verre et les porte-couteaux tellement brillants qu'ils semblaient sortis d'une liste de mariage déposée au Printemps par une princesse de conte de fées ;

la petitesse des portions servies et l'absence de rab de purée à la truffe ;

les deux artistes asiatiques égrillards qui la dévisageaient en roulant des yeux lubriques ;

les quatre domestiques s'affairant silencieusement autour de la table ;

un type taciturne, assis à gauche du maître de maison, chef de cabinet dans un ministère, qui avait l'air d'être de droite ;

le sommelier qui ressemblait à Roger Lanzac ;

la chipie en sarouel Dior, tête de femme de notaire, aux yeux trop écartés, à la bouche refaite, qui l'a entretenue de médecine chinoise durant tout le repas et qu'elle a eu envie de gifler en lui demandant « D'où tu parles, toi ? » ;

le sourire espiègle et énigmatique et le chignon à la Simone Veil de Mazarine P., arrivée bronzée et en retard au bras de Jack L.

À la fin du repas, quand les invités se sont dispersés sur la terrasse, elle reste seule à table, se demandant si elle doit, par solidarité de classe, proposer de donner un coup de main à la plonge. Il s'approche d'elle par-derrière, pose sur ses épaules ses deux mains fines et douces qui n'ont jamais dû accoucher une génisse ou fagoter du bois mort ; il lui murmure : « Voudrait-elle jeter un coup d'œil à ma collection privée ? » Elle se lève en décollant d'une main rapide la robe restée coincée entre ses fesses. Elle sent son odeur de propre, capiteuse, tout près d'elle. Malgré le reflet dansant des torches dans les larges lunettes en écaille de G., elle devine qu'il la regarde fixement. Il lui frôle le bras du bout des doigts. Elle est abasourdie. Jamais elle n'a imaginé qu'il pourrait s'intéresser à elle. Elle se sent soudain mal habillée, a honte de son châle en synthétique, cadeau de fin d'année de ses élèves de Segpa qui l'ont volé pour elle au Noz de Garges. Regrette de s'être aspergée, trop et à la va-vite, d'eau de toilette Bien-être. Elle passe sa langue sur ses dents pour vérifier qu'il n'y a pas de morceau de salade collé. Il s'appuie maintenant sur elle et lui indique d'un mouvement de sa canne une porte. Ils la franchissent ensemble. Elle est dans un effroi délicieux, comme dans les années de la méthode Ogino, juste avant les règles, quand le thermomètre était cassé. Incapable de prononcer ces mots qui la délivreraient – « Non, je ne veux pas, je vais rater le dernier RER » –, elle le laisse s'appuyer sur elle.

Ils sont parvenus dans une aile silencieuse de l'appartement, traversent un couloir aux murs duquel sont accrochées des œuvres d'artistes soutenus par G. Ils s'arrêtent brièvement devant un portrait qu'elle ne connaissait pas de Pierre Mauroy par Andy Warhol. En chancelant un peu, il la pousse contre le mur en continuant de la fixer puis l'attire contre lui, écrase sa bouche sur la sienne. Elle sent un corps compact et dur contre sa cuisse, elle comprend que c'est sa canne. Elle n'en revient pas de ce qui lui arrive. Il chuchote : « On continue ? » Elle dit « oui », elle doit essayer, connaître, apprendre, pour pouvoir l'écrire, plus tard. Il se remet en marche vers le fond du couloir. Elle ne demande pas où ils vont. À quel moment a-t-elle compris qu'il l'emmenait dans sa chambre ? Peut-être quand elle a vu le lit ?

V

Il lui dit « Déshabille-la » et elle s'allonge nue à côté de lui. Elle sent la flaccidité du membre qu'il tend vers elle. Il ahane. Il dit qu'il va y arriver, qu'il faut lui laisser un peu de temps, comme une défense ou une explication. Elle voudrait être ailleurs, mais elle ne part pas. Elle prend des notes mentalement. Elle pourrait se lever, rallumer, lui dire de se rhabiller, le planter là ; le dénoncer publiquement dans une tribune, on lui en réclame toujours. Elle aurait pu. Je sais que l'idée lui en est venue. Mais il a fait lever en elle la décision de faire un livre qui parlera de lui et elle ne peut se résoudre à le laisser seul avec ce désir furieux et désespéré qu'elle a déchaîné en lui. Alors elle écoute cet homme puissant qui balbutie des excuses, la supplie de croire que c'est la première fois que ça lui arrive, lui promet qu'il peut mieux faire.

La suite se déroule comme dans un film français où il n'y a pas vraiment de scénario. Les deux partenaires ne savent pas quoi faire, ils attendent des instructions du réalisateur qui ne viendront pas, sont allongés côte à côte et regardent longuement le plafond dans une semi-obscurité silencieuse. Il y a plus de deux heures qu'ils sont entrés dans la chambre. Elle l'entend ronfler. Je suis incapable de trouver dans ma mémoire un sentiment quelconque, encore moins une pensée. La femme allongée sur le lit observe ce qui lui arrive et qu'elle n'aurait jamais imaginé vivre quelques heures auparavant, c'est tout. Elle sent les phrases, les paragraphes, les pages qui s'écrivent en elle.

L'aube est arrivée, il s'est enfermé dans la salle de bains et fait ses ablutions. À partir du moment où il s'est levé, tout ce qu'il restait d'irréel dans cette nuit au côté de G. a été effacé et s'est transformé en mots. Elle est en proie à la fébrilité d'écrire le plus vite possible ce qui a besoin d'être mis noir sur blanc pour devenir encore plus vrai. Pendant la brève absence de G., elle a eu le temps de griffonner dans son agenda : « Couché avec G. Pas terrible. 11/20. » Il a remis son dentier, il a envie de parler alors ils parlent tranquillement dans les bras l'un de l'autre. Face à la baie vitrée qui donne sur l'île Saint-Louis, ils se racontent. Il est né au siècle dernier, dans les années 1930. Il a sauté sur les genoux de Léon B., joué aux petits chevaux chez Maurice T., pris son goûter chez les D. C'est lui qui a conseillé à Pierre Mendès F. de lutter contre la dénutrition et l'alcoolisme en instaurant le verre de lait gratuit pour les écoliers. Elle serre les poings sous les draps, pense à ses parents qui tenaient une alimentation-mercerie-café-dépôt-de-pain. Elle revoit sa mère se moucher dans sa blouse devant le poste de radio où venait d'être annoncée la mesure, son père cracher dans le poêle en maudissant Mendès : « Si les parents n'achètent plus de jaja pour leurs mioches et qu'on leur offre du lolo à l'œil, qui c'est qui va encore perdre des clients ? » Elle n'ose pas lui en parler.

Dans les années 1970-1980, c'est G. aussi qui a permis l'élection de François Mitterrand en lui conseillant de se faire limer les incisives avant la présidentielle et en lui payant l'intervention. Plus tard, c'est encore lui qui a accompagné et soutenu tout au long de leur longue marche dans l'histoire Gorbatchev, Mandela, Obama et François Hollande.

À ses côtés, elle retrouve une honte de classe qu'elle croyait avoir dépassée pour toujours. Je la vois qui a honte et, aussitôt après, honte de sa honte, puis honte d'avoir eu honte de la honte de sa honte. Il lui murmure : « Un jour, tu auras le Nobel. Je connais la plupart des membres du comité. » Elle n'y croit pas vraiment, mais elle est contente. Elle lui dit que si cela arrive, elle mettra sa robe noire, qu'elle parlera au nom de son peuple devant l'Académie suédoise, qu'elle leur marchera sur les pieds et qu'ils seront bien obligés de l'applaudir.

Légèrement exaltée, elle lui parle de son travail, lui dit que son « je » n'est pas un « je » bourgeois et narcissique comme ceux de Christine Angot et d'Emmanuel Carrère ; son « elle » n'est pas un « elle » pour P.O.L, Grasset ou Actes Sud. Il est un elle singulier. Son « je » à elle, c'est le « je » de Rousseau.

Elle explique son refus du « bien-écrire », de la « belle-phrase », du « bon-livre ». Sa recherche obstinée d'une écriture transparente pour laisser voir le réel au travers. Elle lui confie les grandes lignes de son programme pour mettre la littératchure au service des luttes : expulser les métaphores, stériliser les périphrases à la naissance, surveiller et punir les accès d'émotion. Écrire comme pour un mode d'emploi de grille-pain, un règlement de copropriété ou un constat d'accident à l'amiable. Trouver les phrases qui vont heurter le bon goût des culturellement privilégiés et réhabiliter les femmes, les économiquement faibles et les petits commerçants. Il somnole paisiblement. Je ne sais plus si elle a déjà compris, à cet instant, que c'est un livre à naître qui vient d'être fécondé en elle.

VI

Il y a quelques jours que j'ai commencé ce texte, sans aucune certitude qu'A. acceptera de le publier. Je crois qu'il préférerait que je mette toute mon énergie dans les manuels *Apprendre à écrire comme un prix Nobel avec Annie Erno*x qu'il veut sortir pour les fêtes. Il dit qu'il faut profiter de l'effet de stupeur engendré par le prix car il finira par passer ; il prétend aussi qu'Éric-Emmanuel Schmitt obtient un grand succès commercial avec ses masterclass d'écritchure. Je crois qu'il n'a toujours pas compris ma démarche. Je ne cherche pas à vendre mes livres à n'importe qui mais à ceux qui les méritent.

Si j'ai débuté celui-ci, ce n'est pas pour profiter de l'effet du prix, c'est d'abord pour le partager avec tous les déclassés qui ont dû se sentir si fiers que je l'obtienne. Surtout, j'éprouve le besoin de vérifier que je n'ai pas vécu tout ça pour rien. C'est un doute qui m'a parfois traversée au cours des années passées auprès de G. durant lesquelles j'ai résisté à mon envie de le quitter en me rappelant sa promesse (le Nobel) et en peaufinant chaque phrase de mon hypothétique futur discours devant le comité.

Je réalise que, pendant tout ce temps, jamais je n'ai cessé de trembler à l'idée que Houellebecq pourrait l'avoir avant moi. Ma plus grande terreur, c'était celle-là. Une nuit, j'ai rêvé qu'il était à Stockholm, à la tribune d'honneur, à ma place. Coiffé un peu comme moi, il portait MA robe noire et tenait entre les mains un livre qu'il avait écrit sur sa prostate intitulé *PSA total*. Au bas de la couverture, en grosses lettres, figurait « *MEN'S LIVES MATTER* ». Au réveil, il me sembla que ce bandeau rouge, rédigé en anglais, était comme une confuse invitation à me dépayser. Après avoir tant écrit pour la France, ne devais-je pas m'adresser au monde ? Je sais aujourd'hui qu'il y avait tout cela dans mon rêve et que j'ai fait le bon choix en quittant G. et en m'envolant, peu après le Nobel, pour l'université de Kirksville, dans l'Illinois.

C'est là que j'écris ces mots.

VII

Je réalise que, depuis le début de ce récit, des temps s'emboîtent, se télescopent et se répondent par-delà les jours, les mois, les années, m'obligeant souvent à écrire le présent au futur, le futur au passé et le passé au présent afin de former ce cercle de durée qui doit circonscrire l'instant précis où elle écrit ce que j'écris. Mais je sais aussi que je suis décidée à aller jusqu'au bout, quoi qu'il arrive, de la même façon que je l'étais, il y a quelques années, quand j'ai accepté de suivre G. dans sa chambre de riche.

Avant de raconter mon séjour sur le campus américain où je me trouve, je veux m'immerger à nouveau dans cette période de ma vie avec G., qui n'aura été que du temps au-dedans et au-dehors de moi, afin de dire ce qui a été trouvé là. Cette exploration se nourrira de mes souvenirs, de mon agenda Quo Vadis, de mes albums photos, des calendriers des PTT, des tickets de caisse, d'un journal intime tenu pendant toutes ces années. Comme pour mes précédents récits, je veux m'efforcer de retrouver chaque situation, de reconstituer chaque dialogue, de décrire chaque objet jusqu'à ce que j'aie la sensation physique de le « toucher » et l'impression d'entendre le lecteur dire : « C'est bon, on a compris. »Quand je pense aux premiers pas de sa relation avec G., je lis dans ses yeux la fascination de la jeune femme de 73 ans qu'elle est encore pour cet homme d'une quinzaine d'années plus âgé et dont l'emploi du temps est réglé à la minute près par une brigade de secrétaires, assistants, majordomes, cuisiniers, infirmières… Je devine sa curiosité pour le monde dans lequel il évolue, si différent du sien. Un univers clos où chacun, de la femme de chambre à l'avocat fiscaliste, du professeur de yoga à la diététicienne, est au service d'un maître débonnaire qui paie généreusement. Une microsociété idéale où les besoins des plus humbles sont couverts avec une abondance, une largesse en salaire, en complémentaire santé, en RTT et en chèques-vacances à côté desquelles le programme commun de gouvernement PS-PC-MRG pour lequel elle a fait tant de porte-à-porte lui semble soudain mesquin et antisocial.

Ce qu'il lui faut raconter ici, c'est d'abord la liaison contre nature de cette femme avec un être qui n'était pas de son peuple afin de faire de cet épisode intime et personnel un récit qui touche à l'universel et au politique.

De ses années auprès de G., elle veut se rappeler :

les parties de Monopoly qui remplaçaient si bien l'amour ;

les cures à La Bourboule, les printemps à Saint-Paul-de-Vence, les croisières dansantes sur le Rhin, les fondues à Davos ;

la façon de manger de G. en faisant claquer ses gencives et en laissant voir la métamorphose progressive des aliments dans sa bouche qu'il gardait toujours un peu ouverte ;

les semaines de ski à Avoriaz avec Ségolène R. ;

sa manie, d'abord amusante puis très vite agaçante, de dire « Je viens ! » – comme un acteur de film X – quand il était ravi de quelque chose ou qu'un plat était à son goût ;

le manteau en hermine gris et bleu qu'il lui a acheté à Saint-Pétersbourg et qu'elle n'a jamais osé porter au rectorat de Créteil ;

G., légèrement gris, imitant Fernand Raynaud dans le sketch du plombier à la fin d'un dîner sur les hauts de Ramatuelle ;

la soirée « années 1980 » qu'il lui a organisée pour ses 80 ans. La montagne de cadeaux qu'il lui a offerts : un vrai poncho du Larzac, une robe indienne en soie peinte à la main, des sabots à semelles compensées, un radio-cassette Grundig ; et tous les invités déguisés en Maurice Mességué, René Dumont, Gisèle Halimi, Louis Althusser et sa femme, Françoise Dolto et son fils... ;

les courts séjours à Merlin-Plage où elle exigeait régulièrement de se rendre pour reprendre son souffle en respirant les odeurs des moules-frites et où il aimait s'encanailler incognito, déguisé en petit retraité des postes à casquette ;

ses mots bredouillés au réveil quand il n'avait pas encore remis son appareil dentaire et qu'elle ne comprenait pas ce qu'il voulait dire. (J'entends à nouveau dans ma mémoire ces phrases, indélébiles en moi, dont le sens devait être si excitant, si obscène sans doute, qu'y penser aujourd'hui me submerge encore parfois de nostalgie et de volupté.)

G. voulait un enfant de moi. Il connaissait un obstétricien chinois qui aurait pu nous en fabriquer un en manipulant gamètes et ovocytes. Ce désir me troublait et m'interrogeait : à quoi ressemblerait ce métis social, né de l'alliance d'une femme en lutte et d'un profiteur de classe ? Quel côté du monde choisirait cet hybride sociologique ? L'ombre ou la lumière ? Mais je n'avais de toute façon nulle envie de devoir un jour faire réciter ses leçons à cet enfant né entre deux rives, rencontrer ses professeurs sous-payés et relire une fois de plus *Les Fourberies de Scapin* en sixième, *Les Plaideurs* en cinquième et *Le Cid* en quatrième.

G. me montrait des photos de lui bébé, dodu et souriant, dans les bras de sa nurse anglaise, assis dans sa petite Rolls à pédales ou chevauchant fièrement son poney Shetland. Je lui ouvrais mes albums photos offerts par la Coop une fois qu'on avait collectionné suffisamment de points, lui projetais des diapositives et des films Super 8 de ma famille, lui lisais mes rédactions du collège et lui montrais mes bulletins scolaires.

Quand je pense à elle auprès de G., je lis son désir de s'acclimater à ce milieu nouveau mais aussi la crainte toujours présente de ne pas en être capable, de ne jamais atteindre le modèle idéal – introjecté depuis l'adolescence par sa lecture de *Jours de France* chez son dentiste – de la femme de riche : elle ne tutoie aucun chirurgien plastique, ne reconnaît personne quand elle lit *Point de vue*, se sent incapable de gifler une femme de chambre qui se serait trompée de couverts pour les asperges.

Surtout, quand elle s'adresse à un domestique, elle se sent débordée par la nécessité de prendre en compte une totalité socio-économique qu'elle seule perçoit et qu'elle passe au crible d'une analyse dialectique marxiste du maître et de l'esclave. Elle pense à Foucault, Baudrillard, veut qu'il soit bien clair qu'elle est AVEC EUX. Elle établit confusément un lien entre son extraction sociale et ce qui lui arrive. Grâce à ses études supérieures, elle a échappé à l'usine, à la caisse de Franprix, à l'onglerie-bar à sourcils ; eux n'ont pas eu cette chance, condamnés à servir un Blanc, riche et cultivé.

Alors, s'il n'y a plus d'eau chaude dans sa salle de bains, elle se demande au nom de quel ordre inique, au lieu de déranger l'homme à tout faire, elle ne se débarbouille pas la figure et les pieds à l'eau glacée comme le faisait sa mère les jours de fête (pour le lavage en grand, il y a le jacuzzi du spa ou la piscine). Mais aussitôt après, elle s'interroge : si elle ne lui demande jamais rien, l'employé ne risque-t-il pas de s'ennuyer, de boire et de s'habituer à être payé à ne rien faire ? Et elle se reproche alors de commencer à penser comme une abonnée au *Figaro*.

VIII

Je la regarde, durant ces années d'exil chez G., essayer de communiquer avec Romina, sa femme de chambre albanaise. Je la vois qui se tord les mains quand elle a un service à lui demander, passe sans arrêt du « vous », qu'elle trouve trop surplombant, au « tu », trop familier, essaie le « elle », le « on », le mime. Elle lui achète des livres d'émancipation sociale, la pousse à s'inscrire au Cned, lui raconte des histoires édifiantes de dominés devenus dominants, l'encourage à toujours désobéir. « À vous aussi, la Madame ? » Elle hésite. « Oui, à moi surtout, Romina. » Elle lui demande des nouvelles de son mari – va avec elle le voir en prison à Fresnes –, s'excuse de la déranger pendant ses coups de fil à sa famille restée à Tirana. Lui suggère de porter un tchador et une abaya pour emmerder les fascistes. Si Romina organise un méchoui dans le jardin d'hiver sans lui en parler, lui emprunte sa carte bancaire ou fait bouillir un de ses pulls en laine, elle fait mine de ne pas s'en apercevoir.

Avec les autres domestiques aussi, je la vois s'efforcer de créer du lien par-dessus le fossé infranchissable qui les sépare. Durant le service à table, elle leur adresse des clins d'œil complices, et dès qu'elle les croise dans les couloirs ou quand elle leur apporte en cachette des conserves et des friandises à l'office, elle leur répète qu'elle est de leur ethnie et que si elle leur semble plus grande, c'est uniquement parce qu'ils sont à genoux et qu'il faut qu'ils se lèvent.

Photo en couleur. Une femme et un homme en tenue estivale sur un escalier. Derrière eux, une ou deux marches au-dessus, Jean-Paul, le majordome, et Romina, la femme de chambre, visages fermés, sans expression. C'est elle qui a insisté pour que les deux domestiques soient eux aussi sur le cliché. Ils se tiennent tous les quatre sur le perron d'une villa de style néoclassique à colonnade, probablement du XVIIe siècle tardif, entourés de cyprès et de statues. À droite, l'homme est en polo, pantalon crème légèrement bouffant, chaussures bateau, bob sur la tête, lunettes de soleil, bouche grande ouverte, sans doute en train de chanter une chanson de Tino Rossi ; il tient sa canne dirigée vers le ciel, au bout de son bras droit. À sa gauche, il y a elle, cheveux mi-longs, en robe vichy verte, petit sac à main jaune sur le bras droit, ceinture en cuir bleu à la taille, escarpins pointus rouges, allure générale entre Jackie Kennedy et La Halle aux vêtements. Elle porte un livre épais sous le bras, sans doute *Les Recettes faciles qui libèrent la femme* de Benoîte Groult. Tous deux, l'homme et la femme, semblent avoir été saisis au terme d'une promenade dans les jardins de la villa. Au dos figure la mention *Lac de Côme, villa Bernadotte, juillet 2020.*

Elle est la maîtresse de l'homme qui possède la villa. Les cheveux en désordre (« Tu aurais pu au moins mettre la barrette qu'on t'a offerte pour Noël… » lui aurait dit sa mère), le regard absent, le bâillement à peine contenu qui lui déforme la mâchoire trahissent une profonde lassitude. Ici, en pleine digestion, sans doute aucun projet en elle si ce n'est celui d'en finir au plus vite avec cette routinière et interminable balade postprandiale de quelques centaines de pas autour de la terrasse avant la sieste. Depuis qu'ils ont fêté les 95 ans de G., elle ne parvient pas à se déprendre de l'idée qu'elle a accumulé assez de matière pour en faire un livre et qu'il est sans doute temps pour elle de le quitter et de se mettre sérieusement au travail. Mais il y a encore entre eux la promesse qu'il lui a faite – jamais plus évoquée depuis leur première nuit – de l'aider pour le Nobel et elle se sent flouée comme une femme au foyer devant des taches de sauce tomate qui ont résisté au lavage malgré les belles promesses des marchands de lessive.

Prisonnière d'une bulle d'impuissance, de ressentiment et de résignation, elle a vu depuis des années les prix Nobel de littératchure attribués à des inconnus politiquement insipides, voire suspects, aux noms imprononçables, aux livres introuvables. « Comment font-ils ? Pourquoi eux ? Pourquoi pas moi ? » Elle est parfois traversée par la pensée que son écriture plate est peut-être déformée, rendue concave, par les traductions qu'on en fait pour les jurés Nobel, et elle sent alors sa colère et son refus de l'injustice se réveiller.

D'autres fois, assise au fond du canapé où elle tricote un bonnet des Balkans pour Romina, elle regarde G. se concentrer sur son puzzle en tirant un peu la langue et elle est dévastée à l'idée d'introduire, en le quittant, le chagrin et la désolation dans un petit monde si paisible.

De sa rupture avec G. resteront les moments suivants :

au milieu du lac de Côme, en barque, alors qu'il somnole, enveloppé dans son plaid préféré, elle le réveille pour lui annoncer que c'est fini entre eux mais qu'elle espère que ça tient toujours pour le Nobel ;

la nuit d'après, réveillée par des plaintes et des gémissements, elle court vers la chambre de G., pensant qu'il sanglote. Il ronfle tranquillement. Retournée se coucher, elle se rend compte que c'est Romina qui fait l'amour avec le chauffeur sous sa fenêtre et qu'elle jouit comme jamais elle n'avait entendu une femme jouir ;

à bord du Falcon de G. qui les ramène de Milan à Paris, il lui tapote la main et lui dit que tout va bien, qu'elle peut reprendre sa liberté et son combat, s'envoler vers son destin, qu'elle ne doit pas se faire de souci pour Stockholm, qu'il tiendra sa promesse. Il y a encore une poétesse hermétique et un Tanzanien inconnu à couronner avant elle puis ce sera son tour ; il le jure.

Elle est déconcertée par le flegme de G. à l'annonce de leur rupture. Elle apprendra plus tard par la cuisinière qu'il a depuis des mois une liaison avec Romina. Elle essaiera de pleurer, de colère ou de tristesse, sans succès.

IX

À Cergy-Pontoise, quand elle retrouve son F3 avec balcon, il lui semble plus exigu que son dressing chez G. Elle réalise qu'elle doit tout réapprendre : lutter pour une place assise dans le bus, vider le lave-vaisselle, se faire cuire un œuf.

Aujourd'hui, la période qui s'étend de la rupture avec G. jusqu'au coup de téléphone de A. lui annonçant le Nobel lui apparaît comme un espace de liberté reconquise, plein de goûters entre copines au planning familial, de signatures de pétitions, d'interviews à France Culture. Qu'elle ait pu renoncer à tout cela pendant si longtemps la stupéfie. Elle retrouve un féroce appétit d'action écrite, veut rattraper le temps perdu, regagner sa place au premier rang des manifestations, au plus près des banderoles de tête de cortège, ne laisser personne la lui prendre. Pour la première fois elle a l'impression de saisir le sens de la phrase que répétait son père : « Si c'est pas toi qui le fais, c'est un plus con que toi qui le fera à ta place. » Il lui semble aussi qu'un livre va s'écrire tout seul, ce sera le livre de l'après-Stockholm avec un bandeau rouge pour rappeler le Nobel, un livre que A. ne pourra refuser de publier.

Pendant des semaines, elle cherche un sujet, un titre. Elle voudrait quelque chose qui bouscule sa bibliographie, renouvelle la formule article + nom ou nom + adjectif, quelque chose de plus lyrique que d'habitude, comme *Leurs parents avant eux*, de plus sobre : *Retour à Auchan*, de plus percutant : *En finir avec Annie E.*, de plus moderne : *On n'est pas couchés*. Elle croit, un jour, avoir enfin trouvé avec *Ceux qui ne sont rien*, se mord les lèvres de colère quand on lui apprend que c'est une phrase d'Emmanuel Macron. Puis je la vois, un matin, ouvrir sa boîte aux lettres et y découvrir un dépliant en couleurs annonçant LES SOLDES CHEZ BUT.

2e PARTIE

THE FRENCH WRITER

I

C'est une vidéo de 23 minutes et 37 secondes, postée sur YouTube, tournée à l'université de Kirksville (IL), dans le *safe space* – espace neutre – du campus. Elle est la femme assise sur l'estrade – pull imitation mohair ras du cou, pantalon écossais, escarpins à scratch – dans la lumière jaune des projecteurs. Jambes croisées, elle tient un micro dans la main droite. En face d'elle, une cinquantaine d'étudiants du département *French Studies*. Elle parle de la littératchure et de sa vie qui ne font qu'un. Elle s'exprime avec une voix légèrement haut perchée, dans un anglais tel qu'on l'enseigne dans le système scolaire français – guttural, syncopé, facile à comprendre pour les francophones. Je sais qu'avant de prendre la parole elle a pensé à Jean-Y., son amant PEGC d'EPS et d'anglais du collège Jean-Monet de Gif-sur-Y., qui lui a appris à coincer sa langue entre ses dents et à serrer les mâchoires en contractant brusquement le diaphragme pour prononcer correctement le *the*. De temps en temps, elle hésite sur un verbe irrégulier – *to write, wrote, written, to bite, bit, bitten* –, s'interrompt, reprend en articulant mieux, en parlant plus fort et avec plus d'autorité pour masquer sa gêne. L'interprète s'efforce de traduire ses propos de l'anglais première langue vers l'américain.

Je la devine prise de vertiges à l'idée qu'après Jacques Derrida, Michel Foucault, Jean-François Lyotard, Alain Badiou, Bruno Perreau, David Guetta et tous les autres c'est à elle qu'échoit désormais le rôle de l'intellectuelle française qui a franchi l'Atlantique.

La voilà devenue *French writer*.

Elle repense furtivement à ses rencontres avec les élèves dans les collèges et les lycées de France. Aux mornes après-midi, mal assise sur les chaises de l'Éducation nationale, dans des CDI de province pas assez chauffés. Aux nuits passées ensuite à essayer de consoler la prof de français en dépression qui l'avait invitée à dormir chez elle pour ne pas dépasser le budget alloué aux activités extra-scolaires. Elle fut longue, la route, mais elle l'a faite. Elle bouge ses mains, trace des figures dans l'air, décroise et recroise ses jambes, cite les noms d'intellectuels et de critiques, en France et partout dans le monde, qui ravalent au rang de simples livres les écrits de femmes, d'écrivains dont les « œuvres » évitent soigneusement de se positionner par rapport à la réforme des retraites, d'écrivaines soumises aux stéréotypes de genre qui préfèrent broder leurs ouvrages cousus de fil blanc plutôt que détricoter le réel. Mais si, sur le fond, elle ne lâche rien, il n'y a plus là la véhémence à peine contenue, un peu fébrile, ni les accents de rage de son discours de Stockholm. Elle sourit même, un rictus apaisé, confiant.

C'est A., son éditeur, qui a eu l'idée de ce « dépaysement ». Peu après le Nobel, quand elle lui a parlé des *Soldes chez But*, il lui a dit que le titre était excellent – cohérent avec la nécessité interne de son travail, etc. –, mais que désormais sa distinction nouvelle l'obligeait à écrire « de plus loin que la petite couronne » afin de s'adresser à tous ceux qui ont besoin d'elle. Le temps était venu de donner une dimension universelle à son travail, de « penser à la lectrice chinoise, australienne ou africaine qui n'a jamais entendu parler de Françoise Giroud et des cadeaux Bonux ».

Alors… l'Amérique.

Celle des vieux cons, des 4 × 4 et des barbecues, mais aussi et surtout l'autre Amérique, celle qui imagine sans cesse de nouvelles minorités et de nouveaux droits. Le meilleur endroit possible d'où parler au monde globalisé.

Pour réussir sa réorientation, elle a lu des ouvrages recommandés par une amie documentaliste, pris des notes et fait des synthèses, comme lorsqu'elle révisait *Les Misérables* et *Germinal* pour son Deug. Elle s'est acheté des fiches cartonnées au format 21 × 29,7 centimètres à petits carreaux, une perforatrice, des œillets, des intercalaires multicolores plastifiés et un classeur.

Grâce à sa carte La Vie Auchan, elle en a eu pour un peu moins de 11 euros. Elle s'est informée auprès du CIO de Sénart, a rencontré une conseillère au SAIO de Fontainebleau, récupéré des brochures au SCUIO de Paris Panthéon-Sorbonne, s'est inscrite à l'Onisep, a lu *Le Monde de l'éducation* et *Les Guides de l'étudiant* à la BNF afin de décider quelle université choisir.

Si elle a finalement opté pour le campus de Kirksville, c'est à cause du centre commercial géant – un des plus vastes des États-Unis – qui jouxte l'université. Elle a si souvent arpenté et décrit les hypermarchés qu'elle sait mieux que quiconque que ces non-lieux sont des universaux de la modernité, des champs du possible où tout se joue. Ce que le futur proche va lui confirmer bientôt.

11

« Est-ce qu'on peut avoir deux fois le prix Nobel ? » La question de l'étudiante la surprend, la désarçonne, pour tout dire la secoue. Sur la vidéo, je la vois qui sursaute imperceptiblement. Elle pense soudain à Romain Gary et à son double prix Goncourt. À A., son éditeur, qui serait partant à coup sûr pour tenter l'aventure d'un double Nobel. Au chèque de 750 000 euros qui accompagne le prix (selon l'Insee, cela équivaut à plus de 6 700 caddies moyens). Mais pour cela, il lui faudrait s'inventer un autre « elle-je » – à l'instar de Gary publiant sous le nom d'Ajar – et trouver quelqu'un qui irait parler à sa place dans les médias, qui lirait son deuxième discours à Stockholm, leur marcherait sur les pieds et leur clouerait le bec à tous une seconde fois. Qui aurait l'aplomb et le panache nécessaires ? Dans son agenda, elle notera : « En parler à Christiane Taubira. »

Pour le moment, elle préfère se débarrasser de la question du double Nobel (la voix se fait cassante, monte dans les aigus, elle retrouve la fougue et la colère qui l'habitaient quand elle dénonçait dans *Le Monde* des écrivains qui abusaient de la liberté d'expression et exigeait qu'on cessât de les publier dans sa maison). Pour en finir, elle lâche : « Quand on fait de l'autosociobiographie, c'est au scalpel et avec son sang qu'on écrit, et je regrette, mademoiselle, mais je ne peux pas en donner deux fois plus. » Une partie de la salle applaudit.

Sans doute, après ce petit succès, éprouve-t-elle une certaine satisfaction, car je la vois esquisser un imperceptible sourire de victoire, mais à ce moment de sa vie, ce qui compte le plus pour elle, c'est qu'elle est célibataire, libre, plutôt « à l'aise » financièrement (avec l'argent du Nobel, elle a pu faire repeindre sa cuisine, changer le lino du séjour et abonner tous ses petits-enfants à *Phosphore*). Le soir, en se couchant, elle réalise qu'elle ne pense presque plus à G. Comme si les années passées à ses côtés n'avaient été pour elle qu'un simple stage dans « la haute » ; elle a l'impression de reprendre sa vie, de retrouver son souffle, son désir de désirer aimer le désir d'aimer jouir. Et ce qui lui importe par-dessus tout – à cet instant précis où elle explique son travail aux étudiants en déconstruction de Kirksville –, c'est l'émoticône en forme d'aubergine qu'elle vient de recevoir sur son téléphone qui lui confirme son rendez-vous de ce soir avec W.

III

Avant de mettre en mots la passion amoureuse que j'ai vécue avec W. pendant près d'un trimestre, il me faut d'abord écrire comment j'ai accueilli l'annonce qu'on m'avait décerné le prix Nobel. Ne pas aller au bout de cette vérité-là serait non seulement laisser perdre des pages, mais aussi autoriser le lecteur à imaginer que je me suis mise à pleurer de gratitude pour G. ou que j'ai envoyé mon portrait dédicacé en guise de remerciement à tous les membres de l'Académie suédoise. Cela serait laisser croire que je me sens redevable de mon prix vis-à-vis d'eux et que je me tiens du côté de la domination masculine alors que ma victoire est celle de TOUTES les femmes, qu'elles le veuillent ou non.

Comme toujours, lorsque je dois écrire sur un sujet que je n'ai pas déjà abordé à plusieurs reprises dans mes ouvrages précédents, je me sens en proie à la gaucherie et à l'appréhension de la première fois, prise d'une hésitation qui présage chez moi un doute quant à ma capacité à rendre vraie la vérité. Et souvent, ce ne sont pas les mots qui me manquent, c'est une syntaxe nouvelle que je dois inventer.

Ce 6 octobre 2022, à 8 h 22, pendant la matinale de France Inter que je ne rate sous aucun prétexte, mon téléphone a vibré dans la poche de ma robe de chambre. Au bout du fil, il y avait A. Il m'a dit en détachant chacun de ses mots, comme s'il lisait une dépêche AFP : « C'est fait, tu l'as. On réimprime tous tes livres. On lance la fabrication des bandeaux rouges. On va casser la baraque à Noël. Commence à réfléchir à ta tenue et à ton discours devant le comité Nobel. »

Je la vois, titubant sous le choc, se cognant au lampadaire Leroy Merlin, perdant une pantoufle, marchant sur la queue du chat. Je la regarde s'asseoir au bord du fauteuil à bascule Tousalon – cadeau de mariage de ses parents –, délivrée, allégée au-delà du dicible.

Il n'y a pas de vérité supérieure à celle du corps, et si l'écriture doit tendre à la suspension du jugement grammatical et esthétique, la meilleure comparaison qui me vient pour décrire ce qu'elle ressent après ce coup de téléphone de A., c'est celle du soulagement ineffable que seul peut goûter un constipé chronique sous l'emprise d'une soudaine, phénoménale, impérieuse et archaïque envie de chier.

Dans son agenda, elle griffonnera : « Nobel : OK. S'arranger pour que Houellebecq soit mis au courant (faire prévenir aussi Camille Laurens et Marie Darrieussecq). »

IV

Maintenant que cela est posé, elle peut écrire sur sa passion pour W. et la façon dont celle-ci a changé le destin des *Soldes chez But.*

W. travaille au centre commercial voisin. C'est là qu'a lieu leur première rencontre.

Je la revois, frissons de panique et de plaisir mêlés, à peine installée dans le bungalow mis à sa disposition par l'université, prendre un taxi pour visiter le *shopping mall* de Kirksville. Propriété d'un groupe privé sino-qatari, c'est un complexe ouvert vingt-quatre heures sur vingt-quatre, entièrement climatisé, composé de sept niveaux de 20 000 mètres carrés chacun. Sont rassemblés là tous les commerces, restaurants et services payants imaginables. Déplié, il occuperait la surface d'une quinzaine d'Hyper U et leurs *drive.* Ici, la clientèle appartient majoritairement aux classes moyennes et populaires, et c'est aussi pour eux qu'elle est venue. Elle voudrait comprendre cette *middle class* américaine dont elle ne parvient pas à se résigner qu'elle puisse voter Trump après tout ce que Biden a fait pour elle.

Pour qui n'est pas habitué aux grandes surfaces, l'endroit peut sembler labyrinthique, mais elle a tôt fait de repérer les caméras de surveillance, les issues de secours, les gaines techniques, les restaurants, les vestiaires du personnel, le lieu de stationnement des caddies, les points de rendez-vous, la crèche, les cinémas… Situé au cœur du complexe commercial, l'hypermarché Walmart occupe les trois derniers des sept niveaux. Afin de passer inaperçue, elle a pris un chariot et déambule entre les allées, compare les prix locaux avec les prix français, note des noms de marques qu'elle ne connaissait pas, croise un couple de retraités. Ils viennent d'acheter un fusil d'assaut en promotion, 15 barils de pop-corn, des pièges à loup, deux cuissots de bison et des cartouches. Elle leur demande si elle peut les photographier « *It's for a French book about you* », explique-t-elle. L'époux, méfiant, baisse la visière de sa casquette *Make America Great Again* ; sa femme est plus coopérative : « *Come on, let's do it!* » Ils prennent la pose, souriants. Elle a à peine le temps de cadrer l'image dans l'écran de son téléphone qu'elle sent une main se poser sur son épaule. Elle se retourne.

— *Sorry, mam'*, il est interdit de prendre des photos à l'intérieur de notre magasin.

La voix est celle de W.

— Pourquoi ?

— Je regrette, madame, c'est la règle chez Walmart.

— *Listen*, je suis écrivaine, prix Nobel *of* littératchure, *I am big in France and in Belgium, do you understand?*

W. la regarde du haut de ses 1,90 mètre, semble hésiter, saisit son téléphone et efface la photo. Je crois que c'est à cet instant précis qu'elle tombe follement amoureuse.

V

La photo est un peu floue, c'est un *selfie*. Elle est dans un lit *queen size*, aux côtés de W., tête contre tête. Leurs cheveux sont en bataille, collés par la sueur sur leurs fronts. Le lit est en désordre, tout indique qu'on vient d'y faire l'amour. Leurs visages sont épanouis, comme groggy de plaisir, leurs torses luisants de sueur.

Après cette nuit-là, je n'ai plus rien fait d'autre qu'attendre que W. me téléphone, me propose de dîner avec moi ou vienne me retrouver dans mon bungalow. J'allais au centre commercial prendre des notes, j'animais des ateliers d'écriture plate et de narratologie atonique pour les étudiants, je m'indignais, piquais des colères légitimes, dressais des listes d'écrivains à exiler, signais des pétitions exactement comme avant, mais sans être vraiment tout à fait présente à moi-même et aux autres. Je sentais que le désir était de retour, l'acquiescement à la jouissance aussi ; et surtout la volonté de tenter de nouvelles expériences, de repousser certaines limites afin que *Les Soldes chez But* ne soit pas encore un livre de trop.

Durant les heures d'attente fébrile avant son prochain rendez-vous avec W., je la vois qui abuse du ricil, du rouge à lèvres et des talons hauts comme pour signaler au monde entier qu'elle est une femme amoureuse. Elle écoute Nicole Croisille, Patricia Kaas, Herbert Léonard, mange des glaces à même le pot, fond en larmes pour un rien. Prétextant une étude sur le sexisme des jouets comme origine du formatage de l'inconscient féminin, elle passe des heures au rayon des poupées à admirer les panoplies de Cendrillon, de Blanche-Neige, de la Belle au Bois dormant ; elle peigne les licornes fuchsia, se rêve princesse endormie réveillée un beau jour par W., s'achète en secret des trousses de maquillage aux teintes sucrées, une brosse à cheveux rose couverte de paillettes. Elle choisit des dessous coquins et précieux, se remet au pilate, se sent femme – au sens patriarcal et délicieusement obscène du terme – jusqu'au bout de ses ongles qu'elle a fait *french* manucurer.

Écrivant cela, je n'ai aucune intention de tenter d'analyser ma passion – insensée, dévorante – pour W. ; cela reviendrait à clouer un papillon bleu et jaune sur une planche et à le regarder devenir poussière brunâtre (je m'en veux, forcément, de la métaphore qui précède, mais c'était cela aussi, un des effets de cet amour-là : me mettre à écrire comme Katherine Pancol).

Après l'amour avec W., quand elle retrouve peu à peu ses esprits, elle réalise que l'élément principal de leur relation n'est pas principalement sexuel mais – comme cela fut le cas avec G. – d'ordre socio-ethno-biographique. W. lit peu et exclusivement de la littératchure *young adult* (notamment les romans d'*heroic fantasy* de Sneak Bankable, le *gamer* devenu écrivain). Lors de leurs dîners à deux au Denny's, elle regarde, fascinée, W. se remplir de *chicken wings* et d'*onion rings* accompagnés de grands verres de soda. Elle sent que cela la galvanise, qu'elle retrouve son urgence absolue et sa fureur d'écrire pour les défavorisés. En rentrant chez elle, elle prend des notes pour *Les Soldes chez But.* Elle rêve déjà à la version anglo-saxonne : *Sales at Walmart.* Elle écrit une tribune pour *Libération* : « Ils ont tué Casino. »

Je savais que W. ne goûtait pas comme je l'aurais aimé les trésors intellectuels et artistiques français que je tentais de lui faire découvrir : Monique Pinçon-Charlot, Pomme, Éric Reinhardt… À la télévision, W. n'aimait que la publicité, les dessins animés et le football américain. Un jour, pour fêter le premier mois de notre rencontre, je lui offris l'intégrale de mon œuvre parue en anglais dans le sillage du Nobel ; quelques jours plus tard, je découvris mon cadeau en vente sur eBay. Je décidai de passer outre, considérant que c'était-là le prix à payer pour garder W. Et lui appartenir.

VI

Si je recevais un SMS m'annonçant sa venue « demain ou sinon plus tard » – W. appelait cela un *slot* (un créneau), c'est-à-dire une absence imprévue de sa copine officielle –, j'entrais dans une espèce de transe sans fondement. Submergée par une envie folle de me prouver que j'avais beaucoup mieux à faire que de l'attendre passivement comme une conne, je me mettais à exécuter des tas de choses de façon désordonnée : prendre une douche, laver les vitres, me maquiller, passer la serpillière, engueuler un étudiant, me démaquiller, faire de la marche nordique autour du campus... Je ne savais plus si j'attendais quelqu'un ou quelque chose. J'étais seulement irrésistiblement attirée vers cet instant toujours imprévisible – dont l'advenue me terrassait de plaisir – où j'entendrais son énorme pick-up déraper sur le gravier, l'autoradio poussé à plein volume s'éteindre et sa voix bien timbrée réclamer un *french kiss* à sa *girlfriend from Paris*.

Quand W. disparaissait pendant plusieurs semaines, je l'imaginais, avec un mélange de rage et d'horreur, à la chasse à l'ours avec une autre maîtresse, à Disneyland avec sa régulière, en convalescence sur un lit d'hôpital auprès d'une infirmière plus jeune et plus séduisante que moi.

Quand l'attente était trop insupportable et que je n'obtenais aucune réponse à mes messages, je m'habillais en Américaine moyenne – pantalon de jogging, baskets fluo, T-shirt Hello Kitty – et je passais des heures au centre commercial dans l'espoir d'y apercevoir W.

Dans ces moments où je me sentais abandonnée, j'aurais voulu n'avoir rien d'autre à faire que l'espionner, tout apprendre de sa vie, de ses amis, de ses collègues, découvrir comment se passaient ses heures loin de moi. Un après-midi où je guettais son arrivée au Walmart en faisant semblant de choisir des ustensiles de cuisine, j'ai eu la pensée fugace que s'il y avait une tuerie de masse dans le centre commercial, cela nourrirait *Les Soldes chez But* et que je pourrais m'interposer avec une poêle et lui sauver la vie.

Le matin, avant de partir, W. prenait une douche puis enfilait son uniforme de l'équipe de sécurité Walmart en sifflotant. En peignoir, cheveux en vrac, je regardais se dérouler le rituel implacable qui précédait notre séparation : pantalon, veste, chemise, cravate brune... Une fois sa casquette ajustée, j'aurai droit à un baiser furtif sur le front et une tape sur le postérieur avant sa disparition pour un temps indéterminé.

Quand je pense à ces mois qu'a duré ma liaison avec W., je réalise que :

le fait que W. soit une Afro-Américaine de 43 ans n'a jamais eu la moindre importance pour moi, même si cela s'est en définitive avéré précieux pour renouveler mon travail ;

par son appartenance à quatre minorités (noire, surpoids, précarité économique et lesbianisme), W. fut un cadeau de la vie pour l'écrivaine qui commençait, depuis une dizaine de livres, à tourner en rond autour des *siens* ;

je crois que si j'ai tant aimé W., c'est parce qu'en tant que membre de la *working class* elle m'a permis de mesurer à quel point, ici aussi, à des milliers de kilomètres de Cergy, les petites gens ont encore besoin de moi pour être aimées et retrouver leur dignité.

Je sais aussi, aujourd'hui, que tous mes efforts pour tenter de saisir W. et l'apprivoiser ne pouvaient la retenir. J'avais pensé – naïvement – qu'être aimée passionnément par une prix Nobel de littératchure suffirait à réparer l'injustice sociale dont elle était la quadruple victime inconsciente et me l'attacherait. J'étais, hélas, arrivée trop tard dans sa vie.

VII

Un jour, elle a disparu.

J'ai cru d'abord à une de ses longues absences habituelles qu'elle s'était toujours catégoriquement refusée à justifier puis, mue par le pressentiment que le malheur s'était mis en marche, je me suis décidée à m'enquérir de son emploi du temps auprès d'un de ses collègues.

J'appris qu'elle avait quitté l'Illinois quelques jours plus tôt, emportant son arme de service, son uniforme de vigile et une palette de M&M's (ne pas pouvoir situer précisément la date et l'heure de son départ m'interdit d'établir un lien de cause à effet entre celui-ci et le SMS dans lequel je la suppliais de venir vivre avec moi à Cergy parmi ses sœurs).

Depuis la disparition de W., mon séjour à l'université de Kirksville dans l'Illinois où j'écris ces lignes est devenu un sinistre simulacre. Les seules actions que j'accomplis avec un peu de goût de vivre sont celles qui me font penser à elle. Je souhaite de toutes mes forces qu'elle ait des remords, qu'elle revienne me demander pardon et qu'elle m'enlève ; nous nous enfuirions loin de Kirksville et de son Walmart ; avec l'argent du Nobel, je lui achèterais un ranch, nous nourririons les bêtes, moissonnerions le pop-corn, chevauchant du matin au soir dans les prairies du Midwest.

Il y a quelques jours, j'ai acheté deux chapeaux de cow-boy et deux paires de santiags ; avant-hier, des lassos dont j'ai fait graver les manches avec nos deux prénoms entrelacés.

Depuis son départ :

je me réveille au milieu de la nuit pour écouter du rap en me gavant de *junk food* debout devant mon frigo grand ouvert ;

je m'habille en taille XXL ;

j'achète des quantités d'objets inutiles au téléshopping (pinces à linge électroniques, shampoing pour rideaux, treillis antiradiations…) pour le seul bonheur d'entendre sonner à ma porte le jour de leur livraison (et si c'était elle ?) ;

je l'ai cherchée et cru l'apercevoir partout : à la caisse d'un supermarché, dans une manifestation *pro-life* devant une clinique d'obstétrique, à la pompe d'une station-service, à la plonge dans un tex-mex miteux, dans la chorale d'une messe évangélique, à la télévision dans un reportage sur un braquage… ;

je regarde tous les films avec Whoopi Goldberg et les jeux animés par Laurence Boccolini, parce qu'elles me font penser à W. ;

je fais des vœux insensés : si elle revient, je prends ma carte à Renaissance ;

quand je sors faire mes courses chez Walmart, je me dis : « Plus besoin de me faire belle, puisque W. ne sera pas là », et je m'habille comme pour aller manifester avec SUD-Rail.

Sous l'effet de ma rage et de mon impuissance, j'ai jeté un jour toutes les fringues et les paires de rangers que je lui avais offertes.

Je hais absolument les gens qui ressemblent à W. sans être elle ; ceux qui me parlent d'autre chose que d'elle ; ceux qui sont le contraire d'elle, les minces, les Blancs, les hommes, mes lecteurs…

3e PARTIE

LA VALSE DES ÉTIQUETTES

I

Aucun choix d'écriture ne va de soi.

Quand j'ai quitté Cergy pour passer quelques mois à Kirksville, je pensais faire des *Soldes chez But* un livre sur le « mal-ameublement » des plus modestes. Je voulais profiter du dépaysement qui serait le mien, de ce côté de l'Atlantique, pour poser un regard éloigné, lévi-straussien, sur cette réalité si peu souvent écrite. J'avais apporté assez de documentation (catalogues, dépliants, études comparatives et tests de l'UFC…) pour établir l'inventaire et la description des meubles qui sont achetés, le plus souvent en soldes, par les mal-meublés qui n'ont pas les moyens d'aller chez Ikea ou Conforama : tables basses rayées, modèles d'exposition, fauteuils trop volumineux pour une studette…

Ma passion pour les centres commerciaux en aura donc décidé autrement.

Quand survint ma rencontre avec W., je suspendis ma plume et je sentis qu'il me fallait tout repenser et m'interroger : si je pratique l'écriture au couteau, n'est-ce pas depuis toujours pour disséquer, raconter et publier CE QUI M'ARRIVE ? Et si ces choses m'arrivent, n'est-ce pas pour que j'en rende compte ?

Ainsi, peu à peu, décrire les soldes chez But dans un ouvrage intitulé *Les Soldes chez But* me sembla une soumission de plus devant des codes éditoriaux arbitraires, sclérosants et surannés. Au nom de quel contrat moral passé avec moi-même et mon éditeur devais-je m'interdire d'entreprendre le récit de l'avortement de mon livre sur But et de ma passion pour W. ?

À quoi bon avoir obtenu le Nobel si c'est pour ne rien changer ou du moins ne rien tenter de radicalement nouveau ?

II

J'ai la conviction, avec ce livre, d'avoir non seulement transgressé une loi ancestrale (un titre implique une histoire correspondante), mais aussi d'avoir dépassé mes propres limites ; de l'écriture plate, je crois être parvenue à l'écriture creuse, celle qui ne se contente pas de mettre les choses à plat mais les évide de l'intérieur.

Cette liberté nouvelle, je veux dorénavant m'en servir à ma guise. Écrire « Merde à celui qui le lira » sur les murs des librairies où mon portrait trône. Je veux être celle qui envoie valser les étiquettes et se contrefout comme de sa première épilation maillot du titre de ses livres. Celle qui ne se lassera jamais de rappeler que Kundera, Roth, Pessoa, Proust, Borges, Kafka, Vila-Matas… et tant d'autres tricheurs et truqueurs n'ont jamais eu SON prix.

La mise en pages de moi-même doit pourtant s'interrompre à la fin de chacun de mes livres ; même si je multiplie les pauses, les changements de page et de chapitre, ce sera le cas pour celui-ci aussi.

J'ai longtemps cherché un moyen de retarder ce moment afin d'échapper au désœuvrement qui m'attend entre deux ouvrages ; car de même que ce qui se passe m'arrive pour être écrit, quand je n'écris pas, il ne se passe rien.

Continuer à écrire, c'est remplir des pages de mots et repousser l'angoisse de faire un livre trop mince pour son prix ; continuer à écrire, c'est démentir, livre après livre, page après page, phrase après phrase, le soupçon que je n'avais rien à dire. Continuer à écrire c'est m'écrire moi écrivant que j'écris pour continuer à écrire que j'écris.

Maintenant que je suis parvenue au bout de cette histoire, je soupèse d'une main, avec un peu d'étonnement et une sorte de fierté, les pages que je viens d'imprimer ; il doit faire dans les 150 grammes, sans la couverture et les rabats, et je peux dire : encore un.

III

Pourtant, je n'ai pas tout raconté (« Y en a un peu plus, je vous le mets quand même ? » aurait dit ma mère à l'épicerie).

Le soir de la finale du Super Bowl, alors que j'étais lovée sur mon divan, incapable de choisir, entre les Eagles de Philadelphie et les Chiefs de Kansas City, laquelle des deux équipes aurait mon soutien moral de prix Nobel, mon téléphone a sonné.

C'était W.

Pendant quelques secondes, je suis restée hébétée, balbutiant à plusieurs reprises « *It is you, isn't it?* », comme j'avais appris à le faire en classe de sixième. Elle répétait d'une voix égale : « *Yeah, it's me.* »

W. voulait savoir si elle n'avait pas oublié son sweatshirt Winnie l'ourson dans mon bac à linge. Je me souviens lui avoir demandé « *Where are you?* », comme j'aurais pu tout aussi bien dire « *Where is Peter?* » ou « *Where is my umbrella?* ». Elle n'a pas répondu, m'a dit que si j'avais le sweatshirt, je devais le confier à un de ses anciens collègues de Walmart dont elle me donna le nom, qui lui ferait parvenir à sa nouvelle adresse. Elle ne pouvait pas me la communiquer à cause de sa nouvelle compagne qui était si jalouse qu'elle lui avait fait une scène le jour où elle avait trouvé la lunette des toilettes relevée, l'accusant de recevoir des hommes en son absence. « Tu penses encore à moi ? » lui ai-je demandé. Elle m'a dit qu'elle avait trouvé un nouvel emploi dans un centre commercial où il y a une boutique qui vend des *french baguettes* et que cela sent toujours très bon. Puis elle a ajouté qu'elle essayait de faire un régime car elle voulait pouvoir prendre l'avion et venir en Europe visiter Disneyland Paris. Je lui ai proposé de passer me voir à Cergy où j'ai toujours un canapé-lit pour les amis. Elle est restée silencieuse, un instant, et elle a raccroché.

Dans la demi-heure qui a suivi, j'ai enfilé le sweatshirt de W. que j'avais soigneusement lavé et repassé, et je suis sortie dans la nuit. J'ai marché sous la pluie le long de la *highway* 343 D et je suis arrivée un peu après 21 heures au centre commercial de Kirksville qui était extraordinairement désert à cause de la finale.

J'ai pris un caddy et comme une somnambule j'ai emprunté au hasard les escalators du *shopping center*, décidée à m'y perdre. Ce que je peux dire des images qui m'ont traversée durant cette errance au terme de laquelle je m'endormis en tête de gondole au rayon des produits d'entretien, c'est que je revis défiler mon œuvre en un chaotique éboulis d'images, de mots, d'expressions, de personnages issus de mes livres : l'odeur du tabac froid dans les trains Corail, la loi Devaquet, Huguette Bouchardeau, Bobby Lapointe, *50 millions de consommateurs*, le Vénilia imitation marbre sur les étagères de la cuisine, le stérilet, Colette Magny, *Okapi*, Dominique Rocheteau, Wilhelm Reich, les Badinter à Venise, maître Capello, Samos 99, Catherine Deneuve et la banque Suez, Youkaïdi, le Banga orange, les baskets usées par les grèves de 1995, Jacques Lacan, *Pif* et son gadget les pois sauteurs du Mexique, *Suicide : mode d'emploi*, les légumes à volonté chez Flunch, *Le Sirop Tiphon*, Fabius abolissant la vignette automobile, la tête de Jospin le 21 avril 2002, 3615 On-joui, l'emprunt Balladur, Naf Naf, Michel Piccoli, le SNUipp, Anne Gaillard, L'UFC-*Que Choisir ?*, *Aujourd'hui Madame*, Lech Walesa, Youkaïda, le défilé de Jean-Paul Goude sur les Champs-Élysées, « Nucléaire ? Non merci », la pilule, le *Traité des caresses* du Dr Leleu, la grammaire structurale, « Le 4 septembre, j'enlève le bas », la place Tian'anmen, Christine Deviers-Joncour, les pièces de 50 centimes coincées dans les cabines téléphoniques, les moustaches de José Bové, de Noël Mamère et de Dominique Voynet, les chanteurs pour l'Éthiopie, les collants Dim, la croix Vitafor, Marie Cardinal, le badge *Solidarność*, le hit-parade d'André Torrent, « Crunch, le chocolat qui croustille », *Le Zéro et l'Infini*, le platane et la Facel Vega, Bérégovoy et ses lunettes, Kiri le clown et Skippy le kangourou, Jacques Crozemarie, la méthode Mézières, les réunions Tupperware, Khrouchtchev, les Galeries Barbès et le buffet campagnard gratuit, les sourcils d'Henri Emmanuelli, Minidou, Monseigneur Gaillot, Harlem Désir, Zappy Max, le plan Juppé, Le Pen au second tour, *Les Temps modernes*, le petit lion annonçant la pub sur TF1, Charles Dumont, *Ciel, mon mardi !*, l'opération des amygdales-végétations, Golda Meir, les produits Avon, Jean-Paul S. obligé de refuser le Nobel parce qu'Albert C. l'a eu avant lui, elle qui l'accepte et cite Albert dans son discours pour venger Jean-Paul…

Un pêle-mêle d'images, d'idées et de mots ordinaires qui ont fait l'œuvre qu'elle laissera derrière elle quand je ne serai plus là et tant qu'il y aura des soldes chez But.

TABLE DES MATIÈRES

REMERCIEMENTS

L'autrice remercie sèchement

M., sans qui rien

Vincent Haudiquet

Martial Cavatz

Alexandre Marchadier

Achevé d'imprimer
par l'Imprimerie Floch à Mayenne
en mars 2024.
Dépôt légal : février 2024
Numéro d'impression : 104435
Imprimé en France